Fetichistas

Adrian Collins

Adrian Collins

Página de Derechos de Autor

Indice

Cómo se Forman   7

La Ciencia Detrás del Deseo   13

¿Qué es un Fetiche y Qué no lo es?   19

Factores Culturales y Sociales en la Creación de Fetiches   25

La Psicología del Secreto y la Vergüenza Fetichista   31

Desde lo Común Hasta lo Inusual   38

Retos y Beneficios   44

Psicopatología Fetichista   50

El Impacto del Fetiche en la Autoimagen   56

Fetiches y su Representación en los Medios   62

El Papel del Consentimiento   69

Cómo Reconocer tus Propios Fetiches   77

Despertando Fetiches en Otras Personas   84

Los Mitos más Comunes sobre los Fetiches   90

Viviendo con tu Fetiche   96

Cómo se Forman

Los fetiches se forman a partir de una combinación compleja de experiencias personales, asociaciones psicológicas y estímulos externos. Para entender cómo se crean, es importante considerar que nuestro cerebro funciona como un almacén de recuerdos y sensaciones, donde cada experiencia puede dejar una huella. Desde una edad temprana, somos susceptibles a asociar ciertos objetos, situaciones o estímulos con emociones, ya sea placer, curiosidad o incluso sorpresa. Estas asociaciones pueden volverse más fuertes con el tiempo, especialmente si se repiten en contextos significativos o intensos.

Un ejemplo típico es cuando un niño pequeño, de manera accidental, experimenta un momento que combina algo inusual con emociones fuertes. Puede ser una textura, como el cuero o la seda, que en un momento de vulnerabilidad o excitación se percibe como algo placentero. Aunque en ese instante no entienda lo que ocurre, su cerebro registra la sensación como algo positivo. Más adelante, ese objeto o situación puede revivir esas emociones y convertirse en un punto de atracción, aunque la persona no siempre sea consciente del porqué.

La curiosidad también juega un papel importante. Muchas veces, los fetiches se desarrollan porque algo capta nuestra atención de forma inesperada y despierta un interés que con el tiempo se intensifica. Por ejemplo, si alguien crece viendo imágenes o situaciones específicas en los medios, como zapatos de tacón en escenas glamorosas, su cerebro puede asociar esos elementos con sensualidad o poder. Esto no ocurre de manera instantánea; es un proceso gradual que se refuerza con la exposición y la repetición.

Otro factor esencial es el contexto emocional en el que ocurre una experiencia. Las emociones intensas, ya sean positivas o negativas, pueden hacer que ciertas cosas se graben profundamente en nuestra mente. Por ejemplo, si alguien tiene un momento de conexión emocional fuerte con otra persona mientras un estímulo particular está presente, como un olor, una prenda o un sonido, su cerebro puede vincular ese estímulo con el sentimiento de intimidad.

Con el tiempo, ese elemento se convierte en un detonante para revivir esa conexión emocional, transformándose en un fetiche.

Además, el cerebro humano es naturalmente creativo y busca formas de mantenernos interesados y estimulados. Esto significa que los fetiches a menudo nacen de una mezcla de curiosidad, exploración y la necesidad de experimentar algo nuevo. La repetición de ciertas fantasías o pensamientos también refuerza las conexiones neuronales asociadas, haciendo que esas ideas se vuelvan más persistentes y significativas.

Las primeras experiencias sexuales suelen tener un impacto especial en la formación de fetiches. Durante estos momentos, el cerebro es especialmente sensible a asociar estímulos externos con sensaciones placenteras. Si un objeto o una situación está presente en ese contexto, puede quedar vinculado al placer de forma duradera. Esto explica por qué algunos fetiches parecen surgir de situaciones aparentemente simples o sin importancia.

La influencia cultural no debe subestimarse. Vivimos en un mundo donde los mensajes sobre el cuerpo, el deseo y los objetos están presentes en casi todo lo que consumimos. Las películas, la publicidad y las redes sociales pueden crear asociaciones en nuestra mente entre ciertos elementos y la idea de atractivo o deseo. Aunque estas influencias no siempre crean fetiches por sí solas, sí pueden ser un detonante cuando se combinan con experiencias personales.

Finalmente, hay que mencionar que la mente humana es profundamente única. Lo que puede convertirse en un fetiche para una persona puede ser completamente irrelevante para otra. Esto se debe a las diferencias en nuestras historias de vida, personalidades y cómo procesamos las experiencias. Aunque algunos fetiches son más comunes porque están relacionados con estímulos universales, como el tacto o ciertos aromas, muchos otros son profundamente personales y reflejan las particularidades de cada individuo.

En resumen, los fetiches se forman a través de una combinación de experiencias personales, asociaciones emocionales y estímulos externos que se graban en nuestra mente de manera única. Es un proceso que puede ser inconsciente, gradual y, en muchos casos, fascinante, porque revela cómo nuestras mentes transforman lo cotidiano en algo cargado de significado. Conocer estos mecanismos no solo nos ayuda a comprendernos mejor, sino que también nos invita a aceptar la diversidad de deseos humanos como parte natural de la experiencia.

La Ciencia Detrás del Deseo

El deseo es una fuerza poderosa que guía muchas de nuestras decisiones y comportamientos. Desde el punto de vista científico, el deseo es una combinación de procesos químicos, neurológicos y psicológicos que trabajan en conjunto para crear esa sensación de atracción o necesidad hacia algo o alguien. Aunque puede parecer algo mágico o inexplicable, la ciencia detrás del deseo es fascinante y nos ayuda a entender por qué nos sentimos atraídos por ciertas cosas o personas.

Todo comienza en el cerebro, que es el centro de control de nuestras emociones y sensaciones. Cuando algo capta nuestra atención de manera especial, ciertas áreas del cerebro se activan. Una de las más importantes es el sistema de recompensa, una red de neuronas que incluye estructuras como el núcleo accumbens, el área tegmental ventral y la amígdala. Este sistema está diseñado para motivarnos a buscar experiencias placenteras y evitar las que nos generan incomodidad. Cuando algo nos atrae, el sistema de recompensa libera dopamina, un neurotransmisor conocido como el químico del placer, que nos hace sentir bien y refuerza nuestro interés.

La dopamina juega un papel clave en el deseo porque actúa como un incentivo. Cuando el cerebro libera dopamina en respuesta a un estímulo atractivo, nos sentimos motivados a acercarnos a ese estímulo o a repetir la experiencia que la generó. Por ejemplo, si alguien siente deseo por un objeto específico, como un par de tacones, es porque su cerebro ha asociado ese objeto con placer o satisfacción, liberando dopamina cada vez que lo ve o lo imagina.

Otra sustancia química importante en el deseo es la oxitocina, conocida como la hormona del amor. Aunque se asocia principalmente con los vínculos emocionales, también tiene un impacto en el deseo físico y emocional. Cuando estamos cerca de alguien que nos atrae o en una situación que nos resulta estimulante, el cuerpo libera oxitocina, creando una sensación de conexión y confianza. Esta combinación de dopamina y oxitocina es lo que hace que el deseo se sienta tan intenso y, a veces, difícil de ignorar.

El deseo no solo está influido por los químicos en el cerebro, sino también por nuestras experiencias previas y nuestra imaginación. Las asociaciones que hemos formado a lo largo de la vida juegan un papel importante. Por ejemplo, si una persona ha tenido experiencias positivas relacionadas con un estímulo en particular, su cerebro recordará esas experiencias y reforzará el deseo por ese estímulo. La imaginación también contribuye, ya que el cerebro tiene la capacidad de crear escenarios en los que un deseo se vuelve más emocionante o atractivo.

Además, el contexto social y cultural influye en el deseo. Nuestra percepción de lo que es deseable o atractivo no se forma en el vacío. Está moldeada por nuestra cultura, nuestras relaciones y los mensajes que recibimos del entorno. Los medios de comunicación, por ejemplo, tienen un gran impacto en lo que las personas consideran atractivo, ya que presentan imágenes y mensajes que asocian ciertos objetos, comportamientos o apariencias con el deseo y el éxito.

Otro aspecto fascinante del deseo es su relación con la anticipación. El cerebro humano está diseñado para disfrutar no solo del resultado de algo deseado, sino también de la expectativa. Esta es la razón por la que la anticipación de un momento emocionante, como una cita o un encuentro especial, puede ser tan placentera como el evento en sí. El cerebro libera dopamina incluso mientras imaginamos lo que está por venir, manteniéndonos motivados y emocionados.

Aunque el deseo es una experiencia natural, puede variar de persona a persona. Algunas personas son más sensibles a los estímulos del deseo porque sus cerebros liberan más dopamina en respuesta a ciertos estímulos. También hay quienes experimentan deseo de manera más emocional que física, dependiendo de cómo sus cerebros procesan las conexiones entre placer, memoria y emoción.

En resumen, el deseo es el resultado de un delicado equilibrio entre la química cerebral, las experiencias pasadas, el entorno cultural y la imaginación. Comprender cómo funciona el deseo no solo nos ayuda a entender nuestras propias emociones, sino que también nos permite apreciar la complejidad y la riqueza de las conexiones humanas. El deseo no es solo un impulso; es una ventana a la forma en que nuestro cerebro nos motiva, nos conecta y nos impulsa a buscar experiencias significativas.

¿Qué es un Fetiche y Qué no lo es?

Un fetiche es una atracción intensa y específica hacia un objeto, parte del cuerpo, situación o estímulo que, por sí solo, despierta excitación o interés emocional. Esto significa que, para alguien con un fetiche, ese elemento tiene un significado especial que va más allá de lo que la mayoría de las personas podría percibir. Por ejemplo, un par de zapatos de tacón no es solo un accesorio de moda; para alguien con un fetiche relacionado con ellos, puede ser una fuente directa de deseo o una parte crucial en sus fantasías.

Lo que distingue a un fetiche de otras formas de atracción o preferencia es la intensidad de la conexión emocional y psicológica con ese elemento. Mientras que muchas personas pueden encontrar ciertos objetos o detalles atractivos, un fetiche implica que ese elemento se vuelve casi imprescindible para generar interés o placer. No es simplemente un gusto; es una necesidad psicológica que añade un valor especial a ese objeto o situación. Por ejemplo, alguien podría preferir cierta ropa interior en una pareja, pero una persona con un fetiche por esa prenda específica podría considerarla el centro de su deseo.

Un error común es pensar que todo lo que nos gusta mucho o nos atrae es automáticamente un fetiche, pero esto no es cierto. Una preferencia es simplemente una inclinación hacia algo que nos parece atractivo o interesante, pero no es indispensable para nuestro deseo o disfrute. Por ejemplo, preferir personas con cabello rizado no es un fetiche; es una preferencia estética. En cambio, si el cabello rizado se convierte en un elemento necesario para la excitación o el placer, entonces podría considerarse un fetiche.

Los fetiches pueden variar ampliamente en su naturaleza. Algunos son muy comunes, como los relacionados con los pies, mientras que otros son más específicos, como una atracción hacia materiales como el látex o el cuero. Lo importante es que el fetiche no siempre tiene que estar relacionado con algo típicamente considerado "sexy" por la sociedad. De hecho, algunos fetiches pueden parecer extraños o inusuales porque están ligados a asociaciones personales únicas. Estas asociaciones suelen formarse a lo largo de la vida a través de experiencias, emociones y aprendizajes, como ya hemos explicado en capítulos anteriores.

Un fetiche tampoco es lo mismo que una fantasía. Las fantasías son imaginaciones creativas que usamos para explorar diferentes formas de deseo, pero no siempre son necesarias para sentir placer en la realidad. Por ejemplo, alguien puede fantasear con un escenario romántico en la playa, pero no necesita estar en una playa para disfrutar de su relación. En contraste, un fetiche tiene un componente más concreto y tangible; la presencia del objeto o estímulo en cuestión puede ser esencial para la experiencia de placer.

Es importante aclarar que tener un fetiche no es algo malo ni extraño. Es simplemente una expresión de cómo nuestro cerebro asocia el placer con ciertos estímulos. Sin embargo, no todos los intereses intensos son fetiches. Para que algo sea considerado un fetiche, debe tener un impacto claro en el deseo y estar presente de manera recurrente en los pensamientos o en las experiencias.

Por ejemplo, disfrutar del olor de un perfume específico no es un fetiche a menos que ese perfume sea necesario para despertar el interés o generar una respuesta emocional intensa.

Además, un fetiche no siempre tiene que ver con lo sexual. Aunque la mayoría de las veces se asocia con el deseo físico, también puede estar relacionado con el placer emocional o mental que alguien siente al interactuar con el objeto o situación en cuestión. Por ejemplo, algunas personas pueden sentir un fetiche por ciertos sonidos o texturas porque les generan una sensación de calma o felicidad.

Por último, es crucial entender que los fetiches, aunque pueden parecer inusuales para quienes no los tienen, son una parte natural de la diversidad humana. Lo que para una persona es solo un detalle insignificante, para otra puede ser una fuente de alegría o fascinación. La clave para identificar un fetiche está en la intensidad, la recurrencia y la necesidad de ese estímulo para experimentar una sensación específica de placer o atracción.

En resumen, un fetiche es una conexión única y poderosa con algo que tiene un significado especial para quien lo experimenta. No es simplemente un gusto o una preferencia, sino un vínculo psicológico y emocional profundo que influye en el deseo. Saber distinguir entre un fetiche y otros tipos de atracción nos ayuda a entender mejor nuestras propias emociones y las de los demás, aceptando la diversidad de formas en que las personas encuentran placer y significado en sus vidas.

25

Factores Culturales y Sociales en la Creación de Fetiches

Los factores culturales y sociales juegan un papel muy importante en la creación y desarrollo de los fetiches. Aunque los fetiches pueden parecer algo personal e íntimo, no surgen en aislamiento. Estamos constantemente influenciados por el entorno en el que vivimos, las normas de nuestra sociedad, las imágenes que vemos en los medios y las experiencias compartidas dentro de nuestras comunidades. Todo esto contribuye a cómo percibimos el mundo, qué consideramos atractivo y cómo se moldean nuestros deseos.

En primer lugar, la cultura en la que crecemos tiene un impacto directo en lo que asociamos con el atractivo o el placer. Cada sociedad tiene sus propios estándares de belleza, ideales y tabúes. Por ejemplo, en algunas culturas se valora mucho el uso de ropa ajustada o accesorios específicos, lo que puede generar en algunas personas una atracción especial hacia estos elementos. Del mismo modo, hay culturas donde ciertas partes del cuerpo, como los pies o las manos, son vistas como particularmente sensuales, mientras que en otras no tienen ninguna connotación especial. Estas asociaciones culturales pueden sembrar la semilla para la formación de fetiches, ya que nuestro cerebro aprende a relacionar ciertos estímulos con el deseo o el interés.

Los medios de comunicación también tienen un papel enorme en este proceso. Desde películas y series hasta anuncios y redes sociales, estamos constantemente expuestos a imágenes que refuerzan ciertos ideales o patrones de atracción. Por ejemplo, si en los medios siempre se presenta a una persona con lentes como alguien misterioso o intelectual, es posible que algunas personas desarrollen un interés especial hacia los lentes como símbolo de atracción. De manera similar, ciertos objetos o materiales, como el cuero o el encaje, pueden adquirir un significado especial cuando se asocian repetidamente con escenas de romance o deseo en la pantalla.

Otro factor social importante es el impacto de las normas y los tabúes. Muchas veces, lo que se considera prohibido o fuera de lo común en una sociedad puede volverse más atractivo precisamente por su carácter transgresor. Este fenómeno tiene que ver con cómo funciona nuestro cerebro: lo que es menos accesible o más misterioso tiende a despertar más curiosidad e interés. Por ejemplo, en sociedades donde mostrar ciertas partes del cuerpo está muy restringido, esas mismas áreas pueden volverse el foco de fetiches. Lo prohibido a menudo se asocia con lo emocionante, lo que refuerza la atracción hacia ciertos elementos.

Las experiencias sociales también influyen mucho en la formación de fetiches. Desde una edad temprana, interactuamos con otras personas que nos transmiten sus propias ideas, gustos y valores. Estas interacciones pueden dejarnos impresiones profundas que más tarde se reflejan en nuestros deseos. Por ejemplo, si alguien recibe un cumplido constante por usar un tipo específico de ropa o accesorio, puede comenzar a asociar ese elemento con sentimientos positivos, lo que potencialmente podría convertirse en un fetiche con el tiempo. De manera similar, una experiencia significativa, como un evento romántico relacionado con un lugar o un objeto en particular, puede dejar una marca emocional que influya en las preferencias futuras.

Es importante mencionar que los cambios sociales también impactan la manera en que se forman los fetiches. Las tendencias en moda, tecnología y entretenimiento pueden introducir nuevos estímulos que antes no eran tan relevantes. Por ejemplo, el auge de los videojuegos y el cosplay ha llevado a que ciertos disfraces o personajes sean ahora un foco de atracción para muchas personas. Lo mismo ocurre con las redes sociales, donde se popularizan ciertos estilos o estéticas que pueden influir en los gustos de las nuevas generaciones.

Además, las normas sociales sobre qué es aceptable o no en términos de deseo también moldean cómo se expresan los fetiches. En algunas sociedades más abiertas, las personas pueden sentirse más cómodas explorando sus intereses, mientras que en sociedades más conservadoras, los fetiches pueden desarrollarse de manera más oculta, como una forma de lidiar con la represión o el estigma. Esto demuestra cómo el entorno social no solo influye en qué fetiches se desarrollan, sino también en cómo las personas se relacionan con ellos.

Por último, es crucial entender que los fetiches no se forman únicamente por factores externos. Siempre hay una interacción entre lo que absorbemos del entorno y nuestras propias experiencias y características personales. Sin embargo, los factores culturales y sociales proporcionan un marco que da forma a nuestras ideas de atracción y deseo, creando un terreno fértil para que los fetiches florezcan.

En conclusión, la cultura y la sociedad en la que vivimos actúan como un espejo que refleja y refuerza ciertos patrones de deseo. Desde las normas culturales y las imágenes de los medios hasta las experiencias sociales y los cambios generacionales, estos factores influyen en cómo se forman los fetiches y en cómo nos relacionamos con ellos. Entender este contexto nos ayuda a apreciar la diversidad y complejidad de las formas en que las personas experimentan el deseo, recordándonos que nuestras preferencias están profundamente conectadas con el mundo que nos rodea.

Adrian Collins

La Psicología del Secreto y la Vergüenza Fetichista

La psicología del secreto y la vergüenza relacionada con los fetiches es un tema complejo que está profundamente conectado con cómo las personas se perciben a sí mismas y cómo creen que serán juzgadas por los demás. Para muchas personas, los fetiches son una parte íntima de su identidad que prefieren mantener oculta, ya sea por miedo al rechazo, al juicio o simplemente por la incomodidad de compartir algo tan personal. Este secreto puede ser tanto una carga emocional como una fuente de contradicciones internas, ya que lo que les causa placer también puede ser motivo de preocupación o conflicto.

El secreto alrededor de los fetiches no surge de la nada. Está influido por las normas sociales, los valores culturales y, en muchos casos, las creencias religiosas o morales. En sociedades donde el sexo y la sexualidad se consideran temas tabú, hablar abiertamente sobre deseos considerados poco convencionales puede ser especialmente difícil. La idea de que algo es "raro" o "incorrecto" genera una sensación de aislamiento, como si la persona fuera la única en el mundo con esos sentimientos.

Este aislamiento, a su vez, refuerza el secreto, creando un ciclo difícil de romper.

La vergüenza es otro componente importante en esta dinámica. Muchas personas con fetiches pueden experimentar una lucha interna entre lo que les atrae y lo que creen que debería atraerles según las normas sociales. Este conflicto puede provocar sentimientos de culpa o incomodidad, especialmente si han recibido mensajes negativos sobre su sexualidad en el pasado. Por ejemplo, alguien que creció en un entorno donde se ridiculizaban ciertos deseos o comportamientos puede internalizar esos juicios y sentir que algo está "mal" con ellos.

La vergüenza también está estrechamente vinculada con el miedo al rechazo. Compartir un fetiche con una pareja o con amigos puede ser aterrador porque implica abrirse de una manera muy vulnerable. Muchas personas temen ser vistas como anormales, perversas o indeseables, lo que puede llevarlas a ocultar esta parte de sí mismas incluso en relaciones cercanas. Este miedo no es infundado, ya que las reacciones de los demás pueden variar desde la aceptación y la curiosidad hasta el juicio o la burla.

Es importante señalar que no todas las personas sienten vergüenza por sus fetiches, pero para aquellas que lo hacen, los efectos pueden ser significativos. La vergüenza prolongada puede llevar a problemas emocionales como ansiedad, baja autoestima o incluso depresión. También puede afectar las relaciones, ya que mantener secretos importantes puede crear distancia emocional entre las personas. En algunos casos, el estrés asociado con el secreto puede incluso hacer que el fetiche ocupe un espacio desproporcionado en la vida de una persona, convirtiéndose en una obsesión o en una fuente constante de preocupación.

El secreto, por otro lado, no siempre es visto como algo negativo por quienes tienen fetiches. Para algunas personas, mantener sus deseos en privado puede ser una forma de proteger algo que consideran especial o sagrado. El secreto puede añadir un componente de misterio y exclusividad que intensifica la experiencia. Sin embargo, este tipo de secreto es diferente del que está basado en la vergüenza. Cuando el secreto se elige por gusto y no por miedo, puede ser una fuente de satisfacción en lugar de estrés.

La psicología del secreto y la vergüenza también tiene raíces evolutivas. Como seres sociales, los humanos están diseñados para buscar aceptación en sus comunidades, ya que la aceptación es esencial para la supervivencia. Cualquier cosa que nos haga sentir diferentes o apartados puede activar una alarma interna que nos impulsa a ocultar esos aspectos de nosotros mismos. En el caso de los fetiches, el deseo de encajar puede chocar con la necesidad de expresarse, creando una tensión interna difícil de resolver.

Una de las claves para superar esta vergüenza es entender que los fetiches son una parte natural de la diversidad humana. No son algo que uno elija deliberadamente, sino que surgen de una combinación de experiencias, asociaciones emocionales y características individuales. Reconocer esto puede ayudar a las personas a aceptarse a sí mismas y a ver sus deseos no como algo "malo", sino como una expresión única de su personalidad.

Abrirse a alguien de confianza también puede ser un paso importante para aliviar la carga del secreto y la vergüenza. Hablar sobre un fetiche en un entorno seguro y no juzgador puede ayudar a normalizar la experiencia y reducir el aislamiento. Sin embargo, no todas las personas están listas para este paso, y eso también está bien. Lo importante es que cada persona encuentre un equilibrio entre su necesidad de privacidad y su deseo de sentirse auténtica y aceptada.

En resumen, el secreto y la vergüenza relacionados con los fetiches son el resultado de una interacción compleja entre factores sociales, culturales y personales. Mientras que el secreto puede ser una forma de protegerse del juicio, también puede convertirse en una carga emocional si está impulsado por la vergüenza. La aceptación personal, el entendimiento de que los fetiches son una parte natural de la psicología humana y el apoyo de relaciones seguras y comprensivas son herramientas clave para lidiar con estas emociones y vivir una vida más plena y auténtica.

Desde lo Común Hasta lo Inusual

El mundo de los fetiches abarca una variedad tan amplia que va desde lo que muchas personas podrían considerar común hasta lo que puede parecer inusual o incluso sorprendente. Este rango de preferencias muestra lo diversa y única que es la mente humana. Entender esta variedad nos ayuda a apreciar que los fetiches no son una rareza aislada, sino una expresión de cómo cada persona conecta su deseo con emociones, experiencias y estímulos específicos.

Cuando hablamos de fetiches comunes, nos referimos a aquellos que, de alguna manera, están más presentes en el imaginario colectivo y que muchas personas han llegado a considerar como parte de lo aceptado o esperable. Por ejemplo, la atracción hacia ciertos tipos de ropa como lencería, tacones altos o uniformes es algo que aparece con frecuencia en diferentes culturas. Estos fetiches suelen estar influenciados por los medios de comunicación, la moda y los estándares culturales que asocian estos elementos con sensualidad, poder o sofisticación. También podemos incluir en esta categoría la preferencia por partes del cuerpo que tradicionalmente se consideran atractivas, como los pies, las manos o el cabello. Aunque no todos comparten estas atracciones, son lo suficientemente comunes como para que muchas personas las reconozcan sin extrañeza.

Sin embargo, cuando nos movemos hacia lo inusual, encontramos una amplia gama de fetiches que pueden ser menos conocidos o que simplemente no se discuten con tanta frecuencia. Aquí es donde entran en juego las preferencias que algunas personas consideran sorprendentes o fuera de lo común. Por ejemplo, hay quienes encuentran placer en texturas específicas, como el cuero, el látex o el terciopelo, no solo por cómo se ven, sino por cómo se sienten al tocarlos. Otros pueden sentirse atraídos por objetos o elementos que no tienen una conexión directa con la sexualidad, como globos, juguetes específicos o incluso ciertos tipos de comida. Estos intereses menos convencionales suelen ser reflejo de experiencias muy personales o asociaciones únicas que cada individuo ha desarrollado a lo largo de su vida.

Es importante entender que la distinción entre lo común y lo inusual no implica un juicio de valor. Lo que para una persona puede ser completamente normal, para otra puede ser algo que nunca había considerado. La percepción de lo que es común o raro también está influida por factores culturales y generacionales. Por ejemplo, en una época más conservadora, ciertos gustos que ahora se consideran aceptables eran vistos como tabú. Del mismo modo, fetiches que antes se consideraban inusuales han ganado visibilidad gracias al internet y a comunidades que han encontrado espacios seguros para compartir sus intereses.

Otra cosa que influye en esta percepción es la cantidad de personas que están dispuestas a hablar abiertamente sobre sus preferencias. En general, es más fácil que alguien comparta un fetiche que sabe que otros también tienen, como la atracción hacia la lencería. En cambio, cuando una persona siente que su interés es muy específico o único, puede preferir guardarlo en secreto por miedo al juicio o al rechazo. Esto no significa que estos fetiches menos comunes sean necesariamente raros; a menudo, simplemente no se habla de ellos tanto como de otros.

Los fetiches inusuales también pueden estar relacionados con asociaciones emocionales o eventos significativos en la vida de una persona. Por ejemplo, alguien que tuvo una experiencia positiva o intensa relacionada con un objeto específico puede desarrollar una conexión emocional que más tarde se convierte en un fetiche. Esto demuestra cómo nuestros deseos están profundamente influenciados por nuestras historias personales y cómo lo que nos atrae no siempre es algo que podamos explicar fácilmente o que tenga sentido para los demás.

Un punto interesante es que, aunque algunos fetiches puedan parecer inusuales a primera vista, tienen explicaciones lógicas desde un punto de vista psicológico. Por ejemplo, la atracción hacia objetos inanimados, como zapatos o guantes, puede deberse a cómo estos objetos simbolizan algo más, como elegancia, poder o misterio. En otros casos, el placer puede venir simplemente de la estimulación sensorial que producen estos elementos, ya sea por su textura, forma o incluso su olor.

A medida que exploramos esta variedad, es importante mantener una actitud abierta y comprensiva. Todos los fetiches, desde los más comunes hasta los más inusuales, son expresiones de la diversidad humana y no deben ser motivo de vergüenza o burla. Entender esta amplitud nos ayuda a ver que no hay una forma "correcta" de experimentar deseo y que lo que importa es cómo cada persona encuentra satisfacción y conexión con sus propios intereses.

En conclusión, los fetiches abarcan un espectro tan amplio como las propias experiencias humanas. Desde aquellos que son más comunes y aceptados hasta los que son menos convencionales, todos tienen una razón de ser y reflejan la complejidad de nuestras mentes y emociones. En lugar de clasificarlos como normales o raros, lo más valioso que podemos hacer es reconocerlos como parte de lo que nos hace únicos y celebrar la diversidad de nuestras formas de sentir y experimentar el deseo.

Retos y Beneficios

Hablar de los retos y beneficios de los fetiches implica mirar con honestidad y profundidad cómo afectan a las personas que los tienen. Los fetiches, como cualquier aspecto de la sexualidad, pueden ser tanto una fuente de placer y autodescubrimiento como un desafío que requiere equilibrio y entendimiento. Aunque son una parte natural de la diversidad humana, enfrentarse a ellos puede traer preguntas personales y sociales, al mismo tiempo que ofrece oportunidades para el crecimiento personal y la conexión con otros.

Uno de los retos principales que enfrentan las personas con fetiches es el estigma social. La sociedad, en muchos casos, no está completamente abierta a aceptar deseos que se consideran poco convencionales o fuera de lo que se espera. Este juicio puede generar sentimientos de vergüenza, aislamiento y miedo al rechazo. Las personas que tienen fetiches a menudo temen ser juzgadas como anormales o inapropiadas, lo que las lleva a mantener sus preferencias en secreto. Este secretismo, aunque puede protegerlas del juicio inmediato, también puede crear barreras emocionales, incluso con personas cercanas como parejas o amigos.

Otro desafío común es el equilibrio entre el fetiche y la vida diaria. Para muchas personas, el fetiche es solo una parte de su sexualidad y no domina todos los aspectos de su vida. Sin embargo, en algunos casos, puede convertirse en una obsesión o en algo que interfiere con relaciones sanas o responsabilidades personales. Por ejemplo, si alguien siente que necesita constantemente satisfacer su fetiche para sentirse feliz o completo, esto puede causar problemas tanto en su bienestar emocional como en sus relaciones interpersonales. Encontrar un equilibrio saludable es esencial para evitar que un deseo se convierta en una fuente de estrés o conflicto.

Además, está el reto de compartir esta parte de uno mismo con una pareja. Hablar de un fetiche puede ser un momento de vulnerabilidad extrema, ya que implica confiar en que la otra persona no reaccionará con juicio o rechazo. Algunas personas temen que su pareja no entienda o no esté dispuesta a participar en sus preferencias, lo que puede llevar a conflictos o a la sensación de no ser plenamente aceptadas. Por otro lado, no compartir esta información puede crear distancia emocional, ya que se oculta una parte importante de uno mismo.

Sin embargo, los fetiches también tienen beneficios significativos que a menudo pasan desapercibidos. En primer lugar, pueden ser una fuente poderosa de autoconocimiento. Explorar un fetiche obliga a las personas a reflexionar sobre lo que realmente les atrae y por qué. Este proceso de introspección puede llevar a una mejor comprensión de sí mismas, no solo en términos de sexualidad, sino también en cómo conectan emocionalmente con el mundo.

Otro beneficio importante es que los fetiches pueden enriquecer las relaciones, siempre que se manejen con comunicación y respeto. Compartir un fetiche con una pareja puede ser una experiencia profundamente íntima, ya que implica un nivel de apertura y confianza que fortalece el vínculo. Además, explorar juntos estas preferencias puede añadir novedad y emoción a la relación, creando una conexión más profunda y satisfactoria.

Desde una perspectiva más amplia, los fetiches también pueden ser una herramienta para desafiar normas y expectativas sociales. Al aceptar y celebrar su propio deseo, las personas con fetiches pueden contribuir a una sociedad más inclusiva y abierta en lo que respecta a la sexualidad. Este proceso de aceptación puede inspirar a otros a ser más auténticos y menos temerosos de lo que les hace únicos.

Es importante señalar que, aunque los fetiches pueden parecer complicados o difíciles de manejar al principio, muchos de los retos asociados con ellos tienen solución. La comunicación abierta, tanto con uno mismo como con los demás, es clave para superar el estigma y los malentendidos. Buscar información confiable y, si es necesario, apoyo profesional, puede marcar una gran diferencia en cómo alguien vive su experiencia con un fetiche.

En resumen, los fetiches presentan una mezcla de retos y beneficios que reflejan la complejidad de la experiencia humana. Pueden ser una fuente de disfrute, crecimiento personal y conexión, pero también pueden plantear desafíos relacionados con el estigma, la aceptación y el equilibrio. Lo más importante es que cada persona encuentre su propio camino para integrar esta parte de sí misma de una manera que sea saludable y enriquecedora. Con comprensión y apoyo, los fetiches pueden dejar de ser un secreto lleno de complicaciones y convertirse en una expresión natural y valiosa de quienes somos.

Psicopatología Fetichista

La psicopatología fetichista es un tema que aborda cuándo los fetiches, que generalmente son una parte saludable y natural de la diversidad sexual humana, pueden convertirse en una fuente de malestar o interferir en la vida de una persona. No todos los fetiches son problemáticos, pero en ciertos casos, pueden entrar en un terreno donde afectan negativamente la salud mental, las relaciones y la funcionalidad diaria. Entender cuándo un fetiche cruza esta línea es fundamental para abordar estas situaciones con sensibilidad y buscar ayuda adecuada.

En términos generales, un fetiche se considera parte de la psicopatología cuando cumple ciertos criterios. Primero, si se convierte en una obsesión que domina los pensamientos, las emociones y el comportamiento de una persona, hasta el punto de que descuida otras áreas importantes de su vida. Por ejemplo, si alguien pasa tanto tiempo buscando formas de satisfacer su fetiche que descuida su trabajo, sus estudios o sus relaciones, esto puede ser una señal de que necesita apoyo.

Otro indicador es cuando el fetiche causa angustia significativa. Esto puede tomar muchas formas, desde sentimientos de vergüenza y culpa que consumen a la persona, hasta la incapacidad de disfrutar de la intimidad sexual sin la presencia del objeto o estímulo relacionado con el fetiche. En algunos casos, las personas pueden sentir que están atrapadas en un ciclo que no pueden romper, lo que afecta su autoestima y su bienestar emocional.

Además, un fetiche puede convertirse en un problema cuando interfiere con el consentimiento o el respeto hacia los demás. Por ejemplo, si alguien siente la necesidad de actuar sobre su fetiche de manera que invada los límites de otra persona o viole las normas sociales, esto puede generar problemas legales, éticos y relacionales. Este tipo de comportamiento no solo afecta a la persona que lo experimenta, sino también a quienes la rodean, creando un ambiente de desconfianza o incomodidad.

Desde un punto de vista psicológico, los problemas relacionados con los fetiches a menudo están conectados con factores más profundos. Algunas personas desarrollan una relación problemática con su fetiche debido a traumas no resueltos, experiencias de rechazo o una falta general de aceptación de su propia sexualidad. En estos casos, el fetiche puede ser un mecanismo de escape o una forma de lidiar con emociones difíciles, pero, con el tiempo, puede convertirse en una fuente adicional de estrés.

Es importante mencionar que no todos los fetiches relacionados con psicopatología son extremos o raros. Incluso las preferencias más comunes pueden ser problemáticas si se convierten en una necesidad exclusiva o si generan conflictos internos. Esto refuerza la idea de que no es el fetiche en sí mismo lo que determina si es saludable o no, sino la forma en que se maneja y cómo afecta la vida de la persona.

Para tratar los problemas relacionados con los fetiches, el primer paso es reconocerlos. Muchas personas tienen miedo de buscar ayuda porque temen ser juzgadas o incomprendidas. Sin embargo, hablar con un profesional de la salud mental puede ser extremadamente útil. Los psicólogos y terapeutas están capacitados para abordar estos temas con empatía y sin prejuicios, ayudando a las personas a entender sus deseos y a trabajar hacia una relación más equilibrada con ellos.

El tratamiento puede incluir diferentes enfoques, dependiendo de la situación. Por ejemplo, la terapia cognitivo-conductual puede ayudar a las personas a identificar patrones de pensamiento y comportamiento que contribuyen al problema y a desarrollar estrategias para manejarlos. En casos donde hay un trauma subyacente, la terapia centrada en el trauma puede ser clave para abordar las raíces emocionales del fetiche.

En algunos casos, también puede ser útil trabajar en la aceptación y la integración del fetiche como una parte natural de la identidad sexual, siempre y cuando no cause daño a la persona o a otros. Esto puede implicar aprender a comunicar las propias necesidades de manera abierta y respetuosa, encontrar formas saludables de satisfacer el deseo y construir una vida equilibrada que no esté definida únicamente por el fetiche.

En conclusión, la psicopatología fetichista no se trata de demonizar los fetiches ni de considerarlos anormales por defecto, sino de entender cuándo y por qué pueden convertirse en un problema. Con el enfoque correcto, es posible transformar estas dificultades en una oportunidad para el crecimiento personal y la mejora de las relaciones. En última instancia, lo más importante es recordar que todos tenemos derecho a explorar nuestra sexualidad de una manera que sea saludable y respetuosa, tanto para nosotros mismos como para los demás.

El Impacto del Fetiche en la Autoimagen

El impacto de los fetiches en la autoimagen es un tema fascinante y, a menudo, complicado. La autoimagen es la forma en que una persona se percibe a sí misma, incluyendo su apariencia, su identidad y cómo se siente respecto a quién es. Los fetiches pueden influir en esta percepción de maneras profundas, tanto positivas como negativas, dependiendo de cómo cada individuo los viva y los integre en su vida.

Para muchas personas, descubrir que tienen un fetiche puede ser un momento de autodescubrimiento. Esto puede llevar a una conexión más profunda con su identidad sexual y emocional. Por ejemplo, aceptar un fetiche y comprender que es una parte natural de uno mismo puede fortalecer la confianza personal. Saber lo que te gusta, entender por qué te atrae y ser capaz de expresarlo sin vergüenza puede hacer que te sientas más en control de tu propia vida. Este tipo de autoaceptación puede mejorar la relación que tienes contigo mismo, promoviendo una autoimagen positiva.

Sin embargo, no todo es tan sencillo. Muchas personas con fetiches enfrentan sentimientos de vergüenza, culpa o incluso rechazo hacia sí mismas. Esto sucede especialmente si crecen en entornos donde su deseo es considerado extraño, inadecuado o moralmente incorrecto. Estos sentimientos pueden erosionar la autoimagen, haciendo que alguien se sienta defectuoso, anormal o indigno de amor y aceptación. En algunos casos, las personas intentan ocultar su fetiche incluso de sí mismas, lo que puede causar conflictos internos y aumentar la inseguridad.

Además, el contexto social y cultural juega un papel importante en cómo un fetiche afecta la autoimagen. Vivimos en un mundo donde ciertas normas dictan qué es aceptable y qué no lo es. Si alguien siente que su fetiche no encaja en esas normas, puede comenzar a percibirse como diferente o fuera de lugar. Esta sensación de no pertenecer puede hacer que una persona se distancie de los demás, lo que impacta negativamente su autoestima. Sentirse juzgado o malinterpretado puede hacer que alguien se vea a sí mismo a través de los ojos críticos de los demás, lo que amplifica la inseguridad.

Por otro lado, cuando una persona encuentra comunidades o parejas que aceptan y celebran su fetiche, la experiencia puede transformar su autoimagen de manera positiva. La validación externa, especialmente de personas con ideas afines, puede ayudar a reducir la vergüenza y a normalizar los deseos que antes parecían extraños o problemáticos. Esta aceptación externa puede ser el impulso que alguien necesita para aceptar plenamente esa parte de sí mismo.

También es importante hablar sobre cómo los fetiches pueden impactar la autoimagen a través del cuerpo. En algunos casos, el fetiche puede estar relacionado directamente con la apariencia física o ciertas características corporales. Por ejemplo, alguien que tiene un fetiche por ciertas formas o estilos podría desarrollar una percepción más positiva de su propio cuerpo si siente que encaja en ese ideal. Sin embargo, también es posible que alguien se sienta inadecuado si cree que no cumple con los estándares que su propio fetiche resalta. Esto puede llevar a inseguridades sobre la apariencia, afectando tanto la autoestima como la forma en que se relaciona con su propio cuerpo.

En casos más extremos, un fetiche puede convertirse en una fuente de conflicto interno si una persona siente que no puede controlar su deseo o si se siente definido exclusivamente por él. Cuando alguien comienza a percibir que su identidad está reducida a un solo aspecto de sí mismo, su autoimagen puede volverse limitada y desequilibrada. Este fenómeno no es exclusivo de los fetiches, pero puede ser más pronunciado en personas que luchan por reconciliar su deseo con otras partes de su vida.

Una herramienta poderosa para manejar el impacto de un fetiche en la autoimagen es la autoaceptación. Esto implica reconocer que todos somos complejos, que nuestra sexualidad es solo una parte de quienes somos y que no hay nada malo en tener deseos que difieren de los de otras personas. También implica ser amable contigo mismo y permitirte explorar tu propia identidad sin juicio. En este proceso, puede ser útil rodearte de personas que sean comprensivas y que te acepten por completo.

Otro elemento clave es la comunicación. Hablar sobre un fetiche con alguien en quien confíes, ya sea un amigo, una pareja o un terapeuta, puede ser una experiencia liberadora. Expresar tus pensamientos y sentimientos en un espacio seguro puede ayudarte a ver tu fetiche de manera más objetiva, lo que contribuye a una autoimagen más equilibrada y positiva.

En resumen, el impacto de los fetiches en la autoimagen es complejo y multifacético. Puede ser una fuente de empoderamiento y autoconfianza, pero también puede llevar a conflictos internos y sentimientos de inseguridad. Lo más importante es entender que los fetiches son solo una parte de tu identidad y que tienes el poder de decidir cómo integrarlos en tu vida. Con aceptación, apoyo y una perspectiva saludable, es posible construir una autoimagen sólida y positiva que celebre todas las partes de quién eres.

Fetiches y su Representación en los Medios

Los fetiches han encontrado un lugar en los medios de comunicación, aunque la forma en que se representan varía ampliamente dependiendo del contexto, el público y los objetivos de quienes producen ese contenido. Desde películas y series hasta libros y redes sociales, los fetiches aparecen de manera explícita o implícita, a menudo influenciados por tabúes culturales y las normas de entretenimiento. Esta representación tiene un impacto significativo en la forma en que las personas entienden, aceptan o rechazan estos deseos en la sociedad y en sí mismas.

En primer lugar, es importante reconocer que los fetiches suelen aparecer en los medios como algo misterioso, prohibido o incluso extraño. Muchas películas, por ejemplo, han utilizado fetiches para añadir intriga o para retratar personajes de manera excéntrica o enigmática. Este enfoque, aunque puede ser atractivo para el público, tiende a reforzar la idea de que los fetiches son algo fuera de lo común, reservado para personas peculiares o con vidas secretas. Aunque esta representación puede generar curiosidad, también contribuye a que muchas personas se sientan avergonzadas de sus propios deseos, ya que el mensaje implícito es que estos son raros o inapropiados.

Las series de televisión también han abordado los fetiches, a veces de manera cómica, otras veces con un tono más serio. Los programas de comedia, en particular, tienden a exagerar los fetiches para obtener risas del público, presentándolos como comportamientos ridículos o fuera de lugar. Aunque este enfoque puede entretener, corre el riesgo de trivializar los sentimientos de quienes tienen un fetiche, lo que puede aumentar el estigma que rodea el tema. Por otro lado, las series más serias han intentado explorar el tema de manera más matizada, mostrando personajes que lidian con sus deseos de manera auténtica y humana. Este tipo de representación puede ser valiosa, ya que ayuda a normalizar los fetiches y a promover una mayor comprensión.

En el ámbito literario, los fetiches también han encontrado su lugar, especialmente en la literatura erótica. Libros como las novelas de romance contemporáneo han popularizado ciertos fetiches al presentarlos como parte de relaciones apasionadas y consensuadas. Esto ha ayudado a que algunos deseos se vuelvan más aceptados en la cultura popular. Sin embargo, la literatura también puede perpetuar estereotipos al enfocarse en fetiches específicos mientras ignora o margina otros. Además, muchas historias se centran únicamente en el aspecto sexual del fetiche, dejando de lado el contexto emocional o psicológico, lo que limita una comprensión más profunda del tema.

Las redes sociales han abierto nuevas posibilidades para la representación de los fetiches, permitiendo que las personas compartan sus intereses de manera más abierta y encuentren comunidades afines. En plataformas como Instagram, TikTok o Reddit, es posible encontrar contenido que celebra diferentes fetiches, desde fotografías artísticas hasta debates sobre el tema. Este tipo de representación puede ser empoderadora, ya que brinda un espacio donde las personas pueden sentirse vistas y comprendidas. Sin embargo, también existen riesgos. Las redes sociales tienden a simplificar o comercializar los fetiches, convirtiéndolos en tendencias o productos en lugar de explorarlos como parte de la identidad personal.

El cine y la televisión no son los únicos medios donde los fetiches aparecen. La música y los videos musicales también han jugado un papel en la forma en que los fetiches se perciben culturalmente. Muchos artistas han utilizado elementos fetichistas en sus presentaciones, desde vestimenta y coreografía hasta letras que hacen referencia a deseos específicos. Este uso puede ser visto como una forma de romper tabúes y normalizar ciertos temas, pero también puede dar lugar a críticas por trivializar o sexualizar excesivamente aspectos de la identidad personal.

Una de las principales críticas a la representación de los fetiches en los medios es que a menudo están dirigidos a un público heterosexual y masculino, lo que excluye otras perspectivas y experiencias. Esto refuerza una visión limitada y, en algunos casos, sexista de los fetiches, ignorando su diversidad y complejidad.

Además, los medios tienden a enfocarse en fetiches visualmente llamativos o fáciles de entender, dejando fuera aquellos que son más emocionales o difíciles de representar en pantalla.

A pesar de las limitaciones, hay ejemplos positivos de representación en los medios. Algunas películas y series han abordado los fetiches con sensibilidad, mostrando personajes que exploran sus deseos de manera respetuosa y consensuada. Estas representaciones no solo son más realistas, sino que también ayudan a educar al público sobre el tema, reduciendo el estigma y promoviendo el entendimiento. Este tipo de contenido también puede ser reconfortante para quienes tienen un fetiche, ya que ven reflejada su experiencia de una manera que valida sus sentimientos y deseos.

En conclusión, los medios tienen un poder enorme para influir en cómo se perciben los fetiches en la sociedad. Aunque a menudo caen en estereotipos o en la exageración, también tienen la capacidad de normalizar y educar. Para que esto ocurra, es necesario que los creadores de contenido aborden el tema con mayor responsabilidad, mostrando una variedad de experiencias y contextos. Al final, una representación equilibrada puede ayudar a desmitificar los fetiches y a fomentar una cultura más abierta y comprensiva, donde las personas se sientan libres de explorar y aceptar sus deseos sin vergüenza ni juicio.

Adrian Collins

El Papel del Consentimiento

El consentimiento es una de las bases más importantes en cualquier interacción que involucre fetiches o prácticas relacionadas con ellos. Es el acuerdo libre, informado y mutuo entre las personas que participan en una actividad. Sin consentimiento, cualquier dinámica se convierte en algo dañino y posiblemente traumático, incluso si la intención original no era causar daño. Hablar sobre el consentimiento no solo es esencial para garantizar que las experiencias sean seguras, sino también para fomentar relaciones más respetuosas y auténticas.

Cuando se trata de fetiches, el consentimiento adquiere un matiz aún más importante porque a menudo se entra en territorios que pueden ser sensibles o malinterpretados. Los fetiches, por su naturaleza, implican deseos específicos que pueden no ser comunes para todas las personas. Esto significa que no se debe asumir que la otra persona estará de acuerdo o interesada en participar. Aquí es donde el diálogo abierto se convierte en una herramienta clave. Hablar sobre los límites, las expectativas y los deseos no solo establece un terreno seguro, sino que también fortalece la confianza entre las personas involucradas.

El consentimiento, además, debe ser dinámico y continuo. No es algo que se pide una vez y se da por sentado. Durante cualquier experiencia, especialmente si implica explorar un fetiche, es esencial prestar atención a las señales verbales y no verbales de la otra persona. Un simple "sí" al inicio no significa que la otra persona se sienta cómoda en todo momento. Cambiar de opinión es completamente válido, y respetar esa decisión es un signo de madurez emocional y empatía. Ignorar una negativa, ya sea explícita o implícita, no solo rompe la confianza, sino que también puede causar daños emocionales significativos.

Es común que hablar sobre consentimiento genere cierta incomodidad. Muchas personas no están acostumbradas a expresar abiertamente sus deseos o a establecer límites claros. Sin embargo, estas conversaciones no tienen que ser incómodas si se abordan con empatía y respeto. Crear un espacio seguro donde ambas partes se sientan escuchadas y comprendidas es esencial para que el consentimiento fluya naturalmente. Esto incluye no juzgar los deseos del otro, aunque sean diferentes a los propios. El consentimiento no es solo un acto de aprobación, es también un reflejo de la aceptación y la validación de las necesidades de la otra persona.

Otro aspecto crucial del consentimiento en el contexto de los fetiches es la necesidad de educación y claridad. A menudo, las personas pueden sentirse presionadas a decir que sí por temor a decepcionar o ser juzgadas. Esto no es consentimiento real, ya que no surge de un lugar de libertad y confort. Por eso, es fundamental que ambas partes entiendan completamente en qué consiste la práctica o actividad. Esto incluye detalles como lo que se espera de cada persona, cómo se llevará a cabo la actividad y qué límites no se deben cruzar. Una conversación honesta y sin presiones ayuda a crear un entorno donde todos puedan participar de manera genuina y segura.

El consentimiento también juega un papel importante en la creación de límites.

Establecer límites claros no es un acto de rechazo hacia la otra persona, sino una forma de protegerse emocional y físicamente. Los límites pueden ser específicos y directos, como decir "no quiero hacer esto" o "esto no me hace sentir cómodo", o más generales, como preferir que ciertas cosas no se discutan. Respetar estos límites demuestra que se valora el bienestar de la otra persona más allá de los propios deseos. Además, los límites pueden ser renegociados con el tiempo, pero siempre con la voluntad y el acuerdo de ambas partes.

El consentimiento también implica reconocer que cada persona tiene un contexto emocional y psicológico único. Algunas personas pueden estar explorando un fetiche por primera vez y sentirse vulnerables o inseguras. Otras pueden haber tenido experiencias negativas en el pasado que las hacen más cautelosas. Ser consciente de estos factores y abordarlos con cuidado y paciencia es parte de practicar un consentimiento responsable. Escuchar con atención y empatía ayuda a construir una base de confianza que enriquece cualquier experiencia compartida.

Un tema que a menudo se pasa por alto es el consentimiento dentro de relaciones ya establecidas. Muchas personas creen que, al estar en pareja, el consentimiento está implícito, pero esto no es cierto. Incluso en una relación de larga duración, cada persona tiene derecho a establecer límites y a decidir qué prácticas quiere o no quiere explorar. Asumir que la cercanía emocional equivale a un permiso permanente es un error que puede generar tensiones y conflictos innecesarios.

En el caso de los fetiches que involucran dinámicas de poder, como el juego de roles o la dominación y sumisión, el consentimiento se convierte en el pilar fundamental. Estas prácticas requieren un nivel aún mayor de comunicación y confianza. Muchas parejas utilizan herramientas como contratos, palabras de seguridad o señales para asegurarse de que ambas partes se sientan seguras en todo momento. Estas herramientas no son un signo de desconfianza, sino una forma de garantizar que el consentimiento esté siempre presente, incluso en situaciones donde uno de los participantes asume un rol de control.

Finalmente, el consentimiento no solo beneficia a la persona que lo otorga, sino también a quien lo solicita. Saber que ambas partes están plenamente de acuerdo en participar permite que la experiencia sea mucho más placentera y significativa. El consentimiento crea un espacio donde las personas pueden ser auténticas y vulnerables sin miedo al juicio o al rechazo. Esto no solo enriquece la experiencia en sí, sino que también fortalece la conexión emocional y la intimidad entre las personas.

En resumen, el consentimiento es mucho más que una formalidad. Es una práctica que refleja respeto, cuidado y empatía hacia los demás. En el contexto de los fetiches, donde los deseos pueden ser complejos y a veces incomprendidos, el consentimiento asegura que todas las interacciones sean seguras y respetuosas. Hablar abiertamente, escuchar activamente y respetar los límites son pasos esenciales para construir experiencias positivas y significativas que enriquezcan las relaciones y el autoconocimiento.

Cómo Reconocer tus Propios Fetiches

Reconocer tus propios fetiches puede ser un viaje de autodescubrimiento lleno de sorpresas, curiosidad y, a veces, dudas. Los fetiches son una parte natural de la sexualidad humana, pero no siempre son fáciles de identificar porque muchas veces están enterrados bajo capas de normas sociales, inseguridades o desconocimiento. Saber cuáles son tus propios fetiches no solo te ayuda a comprenderte mejor, sino que también puede abrirte a experiencias más auténticas y satisfactorias en tus relaciones.

El primer paso para reconocer tus propios fetiches es prestar atención a lo que te genera una respuesta emocional o física particular. Esto puede incluir cosas que ves en películas, series, libros, o incluso en tus propias fantasías. Por ejemplo, si te das cuenta de que ciertos materiales como el cuero, la seda o el látex despiertan tu interés más allá de lo común, esto podría ser una señal. Lo mismo ocurre con situaciones específicas, roles o dinámicas de poder que encuentres intrigantes o excitantes. Prestar atención a estas respuestas puede ser la clave para empezar a entender tus preferencias.

Las fantasías son otro terreno fértil para explorar tus fetiches. A menudo, lo que imaginamos en nuestra mente refleja nuestros deseos más profundos, incluso si no nos atrevemos a expresarlos en voz alta. Permítete reflexionar sobre tus fantasías sin juzgarte. Pregúntate qué aspectos de esas fantasías te resultan más emocionantes. Tal vez no sea solo el contexto, sino un detalle específico, como un tipo de interacción, una sensación o una emoción que se repite. Estas pistas pueden ser muy reveladoras para identificar patrones en lo que te atrae.

Un aspecto importante del autodescubrimiento es observar cómo reaccionas a ciertos estímulos en la vida cotidiana. Tal vez siempre has sentido una atracción inexplicable por los pies, los tacones, los uniformes o los objetos simbólicos, pero nunca lo has asociado con un fetiche. Prestar atención a estos pequeños detalles y aceptar que son una parte válida de tu experiencia puede ayudarte a comprenderte mejor. A menudo, los fetiches comienzan como una atracción sutil que solo se vuelve clara cuando le dedicas tiempo a analizarla.

Hablar contigo mismo también puede ser muy útil. Muchas veces, los fetiches permanecen ocultos porque los bloqueamos mentalmente por vergüenza, miedo al juicio o falta de información. Tómate un momento para reflexionar sobre tus experiencias pasadas y pregúntate si hay algo que siempre te ha interesado, pero que nunca has explorado por completo. Tal vez haya una experiencia que recuerdes con intensidad porque despertó algo en ti, aunque en su momento no supieras cómo interpretarlo. Revisitar esos recuerdos desde un lugar de curiosidad puede arrojar mucha luz sobre tus deseos.

Es normal sentir cierta resistencia al explorar tus propios fetiches, especialmente si sientes que van en contra de lo que consideras "normal". Aquí es importante recordar que la sexualidad humana es extremadamente diversa, y no hay una definición única de lo que es aceptable, siempre que no se cruce el límite del consentimiento y el respeto por los demás. Ser honesto contigo mismo y permitirte explorar sin prejuicios es esencial para reconocer tus fetiches. A menudo, el mayor obstáculo para comprenderte no es la sociedad, sino tus propios juicios internos.

Otro método efectivo para identificar tus fetiches es leer sobre ellos o buscar información. La educación sexual tradicional a menudo deja fuera temas como los fetiches, lo que puede generar confusión o desconocimiento. Explorar recursos confiables, como libros, artículos o comunidades en línea, puede abrirte los ojos a posibilidades que tal vez nunca habías considerado. A veces, descubrir que otras personas comparten un interés similar puede validarlo y ayudarte a identificarlo como un fetiche.

Hablar con personas de confianza también puede ser un paso revelador. Si tienes amigos cercanos o una pareja con quien puedas compartir tus pensamientos, considera abrir esta conversación. Muchas veces, verbalizar tus ideas y escuchar las perspectivas de otros puede ayudarte a organizar tus propios pensamientos y descubrir cosas que no habías considerado antes. La clave aquí es elegir un entorno seguro donde te sientas cómodo siendo vulnerable.

No hay una forma correcta o incorrecta de descubrir tus fetiches, pero sí es importante abordar este proceso con paciencia y autocompasión. Tal vez descubras que tus fetiches son más simples de lo que esperabas, o quizás te sorprendas al darte cuenta de que tienes intereses más inusuales. Cualquiera que sea el caso, aceptar tus deseos como una parte válida de ti mismo es un paso crucial para integrarlos de manera saludable en tu vida.

Por último, es importante recordar que no estás obligado a actuar sobre cada fetiche que descubras. Reconocer un fetiche no significa que deba convertirse en una parte activa de tu vida sexual, a menos que realmente lo desees. Algunas personas encuentran satisfacción simplemente en entender sus deseos, mientras que otras optan por explorarlos con una pareja o en solitario. La decisión siempre es tuya, y lo más importante es que te sientas cómodo con el camino que elijas.

En resumen, reconocer tus propios fetiches es un proceso que requiere tiempo, atención y una mente abierta. Al observar tus reacciones, reflexionar sobre tus fantasías, buscar información y aceptar tus deseos sin juicio, puedes comenzar a comprender esta parte de ti mismo. El autoconocimiento es una herramienta poderosa, y descubrir tus fetiches puede ser una forma de conectarte más profundamente con quién eres y lo que te hace sentir pleno.

Despertando Fetiches en Otras Personas

Despertar fetiches en otras personas puede ser un tema intrigante y delicado que requiere sensibilidad, comunicación abierta y mucho respeto. Este proceso no se trata de manipular o imponer algo a alguien, sino de explorar juntos y crear un ambiente donde ambos puedan sentirse cómodos y curiosos. Los fetiches, como parte de la sexualidad, están profundamente conectados con la mente y las emociones, por lo que activarlos en alguien más depende de establecer confianza, generar interés y estimular su imaginación.

El primer paso para despertar un fetiche en otra persona es entender que no todos los fetiches son universales. Lo que funciona para una persona puede no tener el mismo efecto en otra. Por eso, el camino más efectivo es conocer profundamente a la persona con la que estás interactuando. Esto implica prestar atención a sus intereses, a lo que les atrae de manera sutil o evidente, y a cómo reaccionan ante diferentes estímulos. Observa sus comentarios, sus gestos y la manera en que responden a ciertos temas o imágenes. Muchas veces, las personas revelan sus preferencias sin darse cuenta, y esto puede darte una idea de qué dirección explorar.

La comunicación abierta y honesta es fundamental. Hablar sobre deseos, curiosidades y límites crea un ambiente donde ambas personas se sienten seguras para expresar lo que les gusta o les intriga. Puedes empezar estas conversaciones de manera casual, planteando preguntas como qué encuentran interesante o qué les llama la atención en ciertas situaciones. Por ejemplo, si el tema surge de forma natural, podrías preguntar si alguna vez han sentido una atracción especial por algún objeto, material o dinámica específica. Estas preguntas no solo abren la puerta a la exploración, sino que también permiten entender si la persona ya tiene fetiches latentes que tal vez no ha explorado conscientemente.

Otro aspecto importante es la estimulación gradual. Los fetiches no suelen aparecer de repente; a menudo, se desarrollan a través de experiencias repetidas que generan asociaciones positivas o excitantes. Por ejemplo, si crees que alguien podría encontrar atractivo un material como el cuero o la seda, puedes introducirlo sutilmente en diferentes contextos, como sugerir ropa o accesorios que lo incluyan. De manera similar, si estás explorando roles o dinámicas de poder, puedes plantear pequeñas interacciones que reflejen esas ideas y observar cómo reaccionan. La clave aquí es ir despacio y prestar atención a cómo la otra persona responde, ajustando tus acciones según su nivel de interés o comodidad.

Crear un ambiente propicio es esencial para despertar fetiches. Esto significa eliminar cualquier sensación de juicio o presión y, en su lugar, fomentar una atmósfera de juego, curiosidad y disfrute mutuo. A menudo, los fetiches se desarrollan en entornos donde las personas se sienten libres para experimentar sin miedo al rechazo. Puedes lograr esto sugiriendo actividades o escenarios que exploren temas que podrían despertar un fetiche. Por ejemplo, si sabes que alguien está intrigado por dinámicas de control o sumisión, puedes plantear una experiencia divertida donde estas dinámicas se exploren de manera ligera y respetuosa.

Es importante tener en cuenta que la imaginación juega un papel crucial en los fetiches. A menudo, estos se despiertan más por lo que se insinúa que por lo que se muestra abiertamente. Puedes aprovechar esto introduciendo elementos que sugieran un fetiche sin ser demasiado explícito. Por ejemplo, los accesorios, las palabras o las acciones que evocan una idea pueden ser más efectivos que simplemente nombrar el fetiche. Este enfoque estimula la mente de la otra persona y le permite conectar sus propias emociones o fantasías con la experiencia.

El refuerzo positivo también es un elemento poderoso. Si notas que la otra persona muestra interés en un tema o situación relacionada con un fetiche, es importante validar ese interés de manera sutil pero clara. Esto puede ser tan simple como expresar entusiasmo compartido, hacer comentarios que resalten lo interesante o atractivo que es, o mostrar aprecio por su apertura al explorar algo nuevo. Este tipo de validación refuerza la idea de que es seguro y agradable explorar ese camino juntos.

Por último, es crucial respetar los límites de la otra persona en todo momento. Si bien es emocionante explorar juntos, también es importante recordar que no todas las personas están interesadas en desarrollar fetiches, y eso está perfectamente bien. Si alguien expresa incomodidad o falta de interés, es esencial respetar su decisión y no insistir. Despertar un fetiche en alguien más nunca debe ser una experiencia forzada o manipuladora, sino una exploración mutua que surge del deseo y la curiosidad compartidos.

En resumen, despertar un fetiche en otra persona implica conocerla profundamente, fomentar la comunicación abierta, introducir estímulos de manera gradual y crear un ambiente de confianza y juego. La imaginación, la validación y el respeto son ingredientes clave para que esta exploración sea positiva y enriquecedora. Cada persona es única, y el proceso de descubrir qué despierta su interés debe ser tratado con paciencia, sensibilidad y una mente abierta. Al final, lo más importante es que ambas personas disfruten del proceso y se sientan libres para ser quienes realmente son.

Los Mitos más Comunes sobre los Fetiches

Los mitos sobre los fetiches están por todas partes y, en muchos casos, estos mitos generan confusión, vergüenza y una percepción equivocada sobre el tema. A lo largo de los años, las ideas erróneas se han multiplicado, alimentadas por la falta de educación sexual, prejuicios culturales y representaciones distorsionadas en los medios. Para entender mejor qué son los fetiches y cómo influyen en las personas, es crucial desmentir algunos de los mitos más comunes.

Uno de los mitos más frecuentes es que las personas con fetiches son raras o anormales. Esta creencia surge del estigma que históricamente ha rodeado cualquier tema relacionado con la sexualidad no tradicional. La realidad es que los fetiches son mucho más comunes de lo que la mayoría piensa. Muchos estudios han demostrado que una gran cantidad de personas tienen algún tipo de fetiche o interés sexual específico. La variedad de preferencias humanas es inmensa, y los fetiches simplemente son una expresión más de esa diversidad. Considerarlos como algo extraño solo perpetúa la desinformación y dificulta que las personas hablen de sus deseos abiertamente.

Otro mito muy extendido es que los fetiches son siempre extremos o incluso peligrosos. Esto no podría estar más lejos de la verdad. Si bien algunos fetiches pueden parecer más inusuales que otros, la mayoría son completamente inofensivos y se desarrollan dentro de límites consensuados entre adultos. Por ejemplo, tener un interés particular por materiales como la seda o el cuero, o encontrar atractiva cierta ropa o situaciones, no es algo peligroso ni extremo. Lo que convierte cualquier práctica en un problema es la falta de consentimiento o el uso irresponsable, no el fetiche en sí.

Existe también la creencia de que tener un fetiche significa que algo anda mal psicológicamente. Este mito proviene de viejas teorías que asociaban los fetiches con trastornos mentales o desviaciones. Hoy en día, la psicología moderna reconoce que los fetiches, en su mayoría, son una parte natural de la sexualidad humana. No son indicativos de problemas mentales, siempre que no interfieran de manera negativa en la vida de la persona o en sus relaciones. De hecho, muchas personas con fetiches tienen vidas perfectamente equilibradas y disfrutan de relaciones saludables.

Un mito que puede causar mucho daño es la idea de que los fetiches son vergonzosos y deben mantenerse en secreto. Esto fomenta un ciclo de silencio y autocrítica que puede ser emocionalmente agotador para quienes tienen intereses fetichistas. La verdad es que no hay nada de malo en tener un fetiche siempre y cuando se viva con respeto hacia uno mismo y hacia los demás. Hablar abiertamente sobre los propios deseos puede ser liberador y ayuda a crear una conexión más genuina con las parejas, eliminando la necesidad de ocultar una parte importante de la identidad sexual.

Muchas personas creen que los fetiches son fijos e inmutables, como si alguien que tiene un fetiche siempre lo hubiera tenido o nunca pudiera interesarse por otra cosa. Sin embargo, los fetiches pueden evolucionar con el tiempo, al igual que otros aspectos de la sexualidad. Algunos fetiches surgen a partir de experiencias personales o culturales, mientras que otros pueden desaparecer si dejan de tener un significado especial. Esta flexibilidad demuestra que los fetiches no son algo rígido ni definitivo, sino una expresión dinámica de la personalidad.

Otro mito común es que los fetiches dominan completamente la vida sexual de una persona. Aunque los fetiches pueden ser una fuente importante de placer, no necesariamente son el único aspecto que define la sexualidad de alguien. Muchas personas con fetiches también disfrutan de formas tradicionales de intimidad y tienen intereses sexuales variados. Creer que un fetiche lo consume todo es simplificar demasiado la complejidad de la experiencia humana.

Finalmente, está el mito de que los fetiches siempre deben compartirse con una pareja para que sean válidos o satisfactorios. Aunque compartirlos puede enriquecer una relación, muchas personas encuentran satisfacción personal explorando sus fetiches en solitario, ya sea a través de fantasías, lecturas, arte o cualquier otra forma de expresión. La clave es que cada persona maneje sus intereses de la manera que les resulte más cómoda y placentera.

Desmentir estos mitos es esencial para fomentar una comprensión más saludable y abierta sobre los fetiches. Al eliminar el estigma y la desinformación, se crea un espacio donde las personas pueden aceptar sus deseos sin culpa ni miedo, y donde las relaciones pueden construirse sobre la base del respeto y la comunicación. La sexualidad es diversa, y reconocer esa diversidad nos permite vivir con más autenticidad y bienestar.

Viviendo con tu Fetiche

Vivir con un fetiche es, ante todo, un viaje hacia la autocomprensión, la aceptación y el equilibrio. Para muchas personas, un fetiche es una parte natural de su identidad, una expresión única de sus deseos y personalidad. Sin embargo, la forma en que cada individuo vive con su fetiche puede variar dependiendo de su entorno, sus relaciones y su propia percepción sobre lo que significa tenerlo. Este proceso no siempre es fácil, pero con la información adecuada y una mentalidad abierta, puede ser algo liberador y enriquecedor.

El primer paso para vivir con un fetiche es reconocerlo y aceptarlo como una parte normal de quién eres. Muchas personas pasan años luchando contra sus propios deseos, sintiéndose avergonzadas o confundidas. Esta vergüenza a menudo proviene de la falta de información o del estigma que la sociedad puede imponer sobre cualquier cosa que se salga de lo considerado tradicional. Reconocer que un fetiche no define tu valor como persona y que no hay nada intrínsecamente malo en tenerlo es fundamental para empezar a vivir con plenitud.

Una vez que has aceptado tu fetiche, es importante aprender sobre él. Investigar su origen, entender cómo afecta tu vida y conocer las experiencias de otras personas puede ayudarte a verlo desde una perspectiva más amplia. Existen comunidades en línea y recursos educativos donde puedes explorar estos temas de manera segura y respetuosa. Saber más sobre tu fetiche te permite integrarlo mejor en tu vida y, además, te da herramientas para comunicarlo a los demás si decides compartirlo.

La comunicación juega un papel crucial cuando se trata de vivir con un fetiche, especialmente en el contexto de una relación de pareja. Si decides compartir esta parte de ti con alguien, es importante hacerlo desde un lugar de confianza y respeto mutuo. Muchas personas temen ser juzgadas o rechazadas, pero la realidad es que la mayoría de las parejas aprecian la honestidad y la vulnerabilidad. La forma en que presentes tu fetiche puede marcar una gran diferencia. Hablar de él como algo que forma parte de ti, pero que no te define completamente, puede ayudar a tu pareja a entenderlo sin sentirse intimidada o confundida.

Es igual de importante respetar los límites de los demás. Si bien compartir tu fetiche puede ser un acto liberador, también debes estar preparado para que no todas las personas se sientan cómodas participando en él. Esto no significa que haya algo malo contigo o con tu fetiche, simplemente refleja la diversidad de preferencias y límites que existen en cada persona. Encontrar un punto medio donde ambos se sientan respetados y satisfechos es una señal de una relación saludable.

En el ámbito personal, vivir con un fetiche también implica encontrar formas de disfrutarlo de manera que no interfiera negativamente en tu vida diaria. Para algunos, esto significa reservar momentos específicos para explorarlo, mientras que para otros puede integrarse más naturalmente en su rutina. Lo importante es que no se convierta en una fuente de estrés o distracción excesiva. Mantener un equilibrio entre tus intereses fetichistas y otras áreas de tu vida, como el trabajo, las amistades y la familia, es esencial para tu bienestar general.

Otro aspecto clave es la autoestima. Muchas personas con fetiches luchan contra pensamientos de culpa o inseguridad, especialmente si sienten que sus deseos no son aceptados por la sociedad. Aprender a quererte tal como eres, con tus particularidades y deseos, es un paso poderoso hacia una vida más plena. Recuerda que tu fetiche es solo una parte de ti, no todo lo que eres. También eres tus talentos, tus valores, tus relaciones y tus sueños.

Por último, considera la posibilidad de buscar apoyo si en algún momento sientes que tu fetiche se convierte en una fuente de angustia o conflicto. Hablar con un terapeuta especializado en sexualidad puede ser una experiencia muy enriquecedora, ya que te ayudará a entender mejor tus deseos y a manejar cualquier emoción negativa que pueda surgir. La terapia no está diseñada para cambiarte, sino para empoderarte y ayudarte a vivir en armonía contigo mismo.

Vivir con un fetiche no tiene por qué ser una carga. Con aceptación, conocimiento, comunicación y cuidado personal, puedes integrarlo en tu vida de manera saludable y enriquecedora. Al final del día, todos somos una suma de nuestras experiencias, intereses y deseos, y cada uno de esos elementos tiene un lugar en nuestra historia personal. Vivir con tu fetiche significa aprender a aceptar y celebrar quién eres, en toda tu singularidad y complejidad.